中国传统文化博物图鉴丛书

图鉴山海

山海经传统中国画美学范本

THE CLASSICOF MOUNTAINS AND SEAS

李辰 著

中国文联出版社

图书在版编目（ＣＩＰ）数据

图鉴山海 / 李辰著 . -- 北京：中国文联出版社，
2020.11（2023.9 重印）
　（中国传统文化博物图鉴丛书）
　ISBN 978-7-5190-4377-3

　Ⅰ . ①图… Ⅱ . ①李… Ⅲ . ①中国画－作品集－中国
－现代②历史地理－中国－古代 Ⅳ . ① J222.7
② K928.631

中国版本图书馆 CIP 数据核字 (2020) 第 213139 号

著　　者　李　辰
责任编辑　王柏松　　王九玲
责任校对　胡世勋
装帧设计　贾闪闪

出版发行　中国文联出版社有限公司
社　　址　北京市朝阳区农展馆南里 10 号　　邮　　编 100125
电　　话　010-85923091（总编室）　　　010-85923025（发行部）
经　　销　全国新华书店等
印　　刷　三河市龙大印装有限公司

开　　本　787 毫米 ×1092 毫米　　　　1/16
印　　张　10.75
字　　数　100 千字
版　　次　2020 年 11 月第 1 版第 1 次印刷　2023 年 9 月第 2 次印刷
定　　价　180.00 元

在我国的传统文化中，神话是不可或缺的一部分。其中，「山海经」是流传久远的一部古书。相传源自于夏朝或更早，但目前所见版本为汉代整理、晋代成书。其内容包罗万象，集地理、博物、民俗、神话等，反映了中华民族上古时期文明的原始面貌。「山海经」开中国图文并举的叙事传统先河。它的奇特更在于同时展现了真实与荒诞的两种色彩，是中华民族的历史文化瑰宝。

「图鉴山海」是画家李辰以传统绘画的形式，遴选、诠释和绘制五个系统的108个神兽异鸟图像。是逐步树立中国画审美标杆传统，提升大众对传统中国画的审美认知，兼具艺术性、学术性与互动性的优秀绘本。

注：

本书图注和引文，主要参考马昌仪「古本山海经图说」（广西师范大学出版社，2007年）并参考其他注释本，个别地方有改动。

本书正文所使用的简化字，以「通用规范汉字表」（2013年版）所规定的范围为限；范围以外的汉字，一般不按偏旁类推，保留原来的繁体字或异体字写法。

南山經

西山經

北山經

中山經

東山經

海經

第 一 卷

南 山 经

· · · · · · · · ·

狌狌

Xing Xing

经文：

南山之首曰䧿山。其首曰招摇之山，
临于西海之上……有兽焉，其状如禺
而白耳，伏行人走，其名曰狌狌，食
之善走。

解说：

《南山经》所记载的狌狌（音星），其
形状像长着白耳朵的猿猴，能爬行，
也能直立行走。吃了狌狌肉，走起路
来健步如飞。古书中有多处关于"狌
狌能言"的记载。《海内南经》说狌狌
能知道人的名字。《水经注》中说狌狌
不但声音优美动听如女人，更善与人
交谈，使人怜爱。可见其通达人性，
聪灵异常。

白猿

Bai Yuan

经文：

又东三百里，日堂庭之山，多
梽木，多白猿，多水玉，多黄金。

解说：

白猿似猴而长臂，善攀援，能吐
纳引气，故寿久。猿有三色，白
者岁久而变，故白猿象征灵巧与
长寿，是助人启智延寿的祥瑞之
兽。关于白猿启智的传说甚多，
如"越女学剑白猿翁""白猿授
兵书"等。在古代小说《封神演
义》《平妖传》中白猿幻化成神
仙、老者、女人等形象，具有
通天神力和超智本领，与神人
斗法，又点化世人，乃五德中
"智"的体现。

鹿蜀
Lu Shu

经文：

又东三百七十里，曰杻阳之山，其阳多赤金，其阴多白金。有兽焉，其状如马而白首。其文如虎而赤尾，其音如谣，其名曰鹿蜀，佩之宜子孙。

解说：

鹿蜀，形状像马，白色的头，身披虎纹，红色尾巴，是上古神兽。郭璞赞其"骧首吟鸣，矫足腾群"，意思是说鹿蜀经常昂首长嘶，声音悠扬如歌谣般悦耳，四蹄腾跃，矫健威风，神采飞扬。如果佩戴了它的皮毛，可绵延子嗣，后世昌盛。

旋龟
Xuan Gui

（枏阳之山）怪水出焉。而东流注于宪翼之水。其中多玄龟，其状如龟而鸟首虺尾，其名曰旋龟，其音如判木，佩之不聋，可以为底。

旋龟，生于宪翼水中。其状如龟，鸟首蛇尾，音如敲击破木之声。佩戴此物，可使耳朵不聋，还能治疗脚底老茧。旋龟又称玄龟，元龟。相传大禹治水时，玄龟负青泥于后（《拾遗记》），可见其在上古神话中的重要地位。《尚书中候》曰："尧沉璧于雒，玄龟负书出，背甲赤文成字。"又曰："周公沉璧，玄龟青纯仓光，刻背甲，止于坛。"玄龟属水，水为智象，故玄龟是智德的象征，是为人间带来智慧文明的瑞兽。

鲑

Lu

经文：

又东三百里，曰枳山，多水，无草木。有鱼焉，其状如牛，陵居，蛇尾有翼，其羽在魼（亦作胁）下，其音如留牛，其名曰鲑，冬死而夏生，食之无肿疾。

解说：

鲑（音陆）生活在枳山这个多水而无草木的地方。它的外形十分奇怪，虽然是鱼却长得像牛，蛇尾，胁下生羽翼，常居住在水旁山陵之上。鲑的叫声如同牛哞，冬天入蛰如同死去，夏天苏醒出来活动。人若食用此鱼，可防治痈肿类疾病。

类 Lei

经文：

又东四百里，曰亶爰之山，多水，无
草木，不可以上。有兽焉，其状如狸
而有髦，其名曰类，自为牝牡，食者
不妒。

解说：

亶爰山上多水而无草木，人无法攀登。
山中有一种野兽叫类，外形和野猫差
不多，却头披长发。类是雌、雄两体
的奇兽，在古籍中又称作灵猫或灵狸。
据明朝杨慎的说法，在云南蒙化府有
这种奇兽，当地人称之为香髦，此兽
自为雌雄。《列子》中记载："亶爰之
兽，自孕而生，曰类；河泽之鸟，相
视而生，曰鶂。"这说明古人有合乎天
地之道、自然繁衍生息的观念。据说
人吃了类的肉，就不会产生嫉妒心。
这或许是类无性别之分、自体交配，
而不必外求的缘故吧。

獚訑

Bo Yi

经文：

又东三百里，曰基山，其阳多玉，其阴多怪木。有兽焉，其状如羊，九尾四耳，其目在背，其名曰獚訑，佩之不畏。

解说：

獚訑（音博宜）是基山上一种长相奇怪的野兽。它的外形像羊，长着九条尾巴和四只耳朵，两只眼睛长在背上。传说把獚訑的皮毛佩戴在身上，可使人有巨大的勇气。也许是因为它背后有眼，不怕偷袭；四耳敏锐，有预知危险的能力吧。图画若表现头上无目，则显得十分怪异。于是，作者使獚訑以背示人而不露面目，后背开缝有目，九尾的"九"取多之意。这些对獚訑形象的主观安排，是对《山海经》神秘异想元素的勇敢探险，此勇气源于獚訑。

九尾狐

Jiuweihu

经文：

又东三百里，曰青丘之山，其阳多玉，其阴多青䕶。有兽焉，其状如狐而九尾，其音如婴儿，能食人，食者不蛊。

解说：

九尾狐居住于青丘山，其状如白狐，四足九尾。鸣叫声如同婴儿啼哭，会吃人。人若能吃到它的肉，可不被妖邪之气蛊惑。九尾狐在古代神话的流传演变中，逐渐凸显其祥瑞品格，是祝福子孙兴旺多福的瑞兽。郭璞《山海经图赞》说："青丘奇兽，九尾之狐，有道翔见，出则衔书，作瑞于周，以标灵符。"九尾狐的出现与周朝圣王结合在一起，作为其仁德和英明统治的征兆。"德至鸟兽则九尾狐见""王者不倾于色，则九尾狐至""王法修明，三才得所，九尾狐至"，古籍中多处表达了，凡统治者能顺应天意，则可风调雨顺，社会安定繁荣，于是就会有像九尾狐这样的灵禽瑞兽出现，以示天兆吉祥。殷商青铜器、汉画像石中经常出现九尾狐的形象，并多与玉兔、金蟾、三足乌等列次于西王母左右，成为上古神话系统中重要的角色。

经文：

凡誰山之首，自招摇之山，以至箕尾之山，凡十山，二千九百五十里。其神状皆鸟身而龙首。其祠之礼：毛用一璋玉瘗，糈用稌米，一璧，稻米、白菅为席。

解说：

誰山山系从招摇山起，至箕尾山止，共十座大山，长二千九百五十里。诸山山神都是鸟身龙头的外形。祭祀山神有着规定礼仪：把有毛的牲畜放在玉制的礼器中，埋于地下，祭祀用的精米是粳稻，用白菅编织的席子，藉以依神。明代胡文焕图本中将此种鸟身龙首神叫做鹊神，同样的名字也出现在日本江户时代所绘的《怪奇鸟兽图卷》中。作为《山海经》书中出现的第一位山神，本图将鸟身描绘成凤身，凤为百鸟之首，龙为鳞虫之长，来呈现此山神无上尊贵的形象。

长右

Chang You

东南四百五十里，曰长右之山，无草木，多水。有兽焉，其状如禺而四耳，其名长右，其音如吟，见则其郡县大水。

长右山上无草木，而多流水。山中野兽也叫长右，其形状似猴，却长着四只耳朵。长右叫声如同人在呻吟，它出现的地方便将有大水灾。有现代学者根据其形象推测类似是短尾猴，或是水獭，但或许都不及经文所描述的光怪而神秘。

蛊雕

Gu Diao

又东五百里，曰鹿吴之山，上无草木，多金石。泽更之水出焉，而南流注于滂水。水有兽焉，名曰蛊雕，其状如雕而有角，其音如婴儿之音，是食人。

泽更之水从鹿吴山发源，向南流入滂水。水中有一种野兽，名叫蛊雕。其外形像大雕，头上却长着角，它的叫声如同婴儿啼哭，会吃人。在多个明清图本中蛊雕有豹身、鸟喙、独角的形象，这是流传演变过程中常见的"一物多形"现象。本图尊崇经文描述，描绘了此种异类雕的形象。

南山神
Nan Shanshen

经文：

凡南次二山之首，自柜山
至于漆吴之山，凡十七山，
七千二百里。其神状皆龙身
而鸟首。其祠：毛用一璧瘗，
糈用稌。

解说：

南方第二列山系，起于柜山
止于漆吴山，共十七座大山，
七千二百里。诸山山神都是
龙身鸟首的外形。祭祀山神
有着规定礼仪：把有毛的牲
畜放在玉器中一起埋入地下，
以精选的稻米祭祀山神。清
代汪绂图本中将此种龙身鸟
首神叫做南山神。本图将鸟
首描绘成凤首，这是与鹊神
的结构互换的处理。从《山
海经》中诸多山神的祭祀物
品可以看出祭祀有一定的等
级观念，当然不及周代以后
礼制严格。

兕

Si

经文：

东五百里，曰祷过之山，其上多金玉，其下多犀兕，多象。

解说：

《山海经》中多处出现过兕，多与虎豹、犀牛、大象等大型动物一同出没于大山之中，可见是上古时代常见的猛兽。《海内南经》中对其形象有更具体的表述：形状似牛，青黑色，头上一角，重有千斤。郭璞赞它"皮充武备，角助文德"以见其祥瑞品格，后来作为文德之兽，多见于青铜器和汉画像石上，是威武勇猛的象征。明代《三才图会》中关于兕有这样的记载：夜幕降临时，兕会独自伫立于悬崖之上，静听泉水潺潺，直至破晓时分，鸟鸣喧哗，方返回巢穴。本图即是表现了此境。

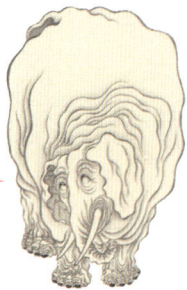

象

Xiang

经文：

东五百里，曰祷过之山，其上多金玉，其
下多犀、兕，多象。

解说：

在上古时代，大象多分布在黄河流域。商代
更是成为重要的家畜，参与农耕、运输等劳
作。郭璞《山海经图赞》曰："象实魁梧，
体巨貌诡，肉兼十牛，目不逾豕，望头如
尾，动若丘徙。"大象体型硕大，其性情却
十分温和，知恩图报，几千年来与人类结下
了不解之缘。在中国传统文化里，吉象，谐
音"吉祥"，又有吉兆之象的意思，被奉为
瑞兽。南宋陆游有诗句："太平有象天人识，
南陌东阡捣麦香。"大象长寿被赋予太平、
喜气的意义。太平有象，也叫太平景象、喜
象升平，形容海晏河清、民康物阜，是传统
吉祥纹样的代表。

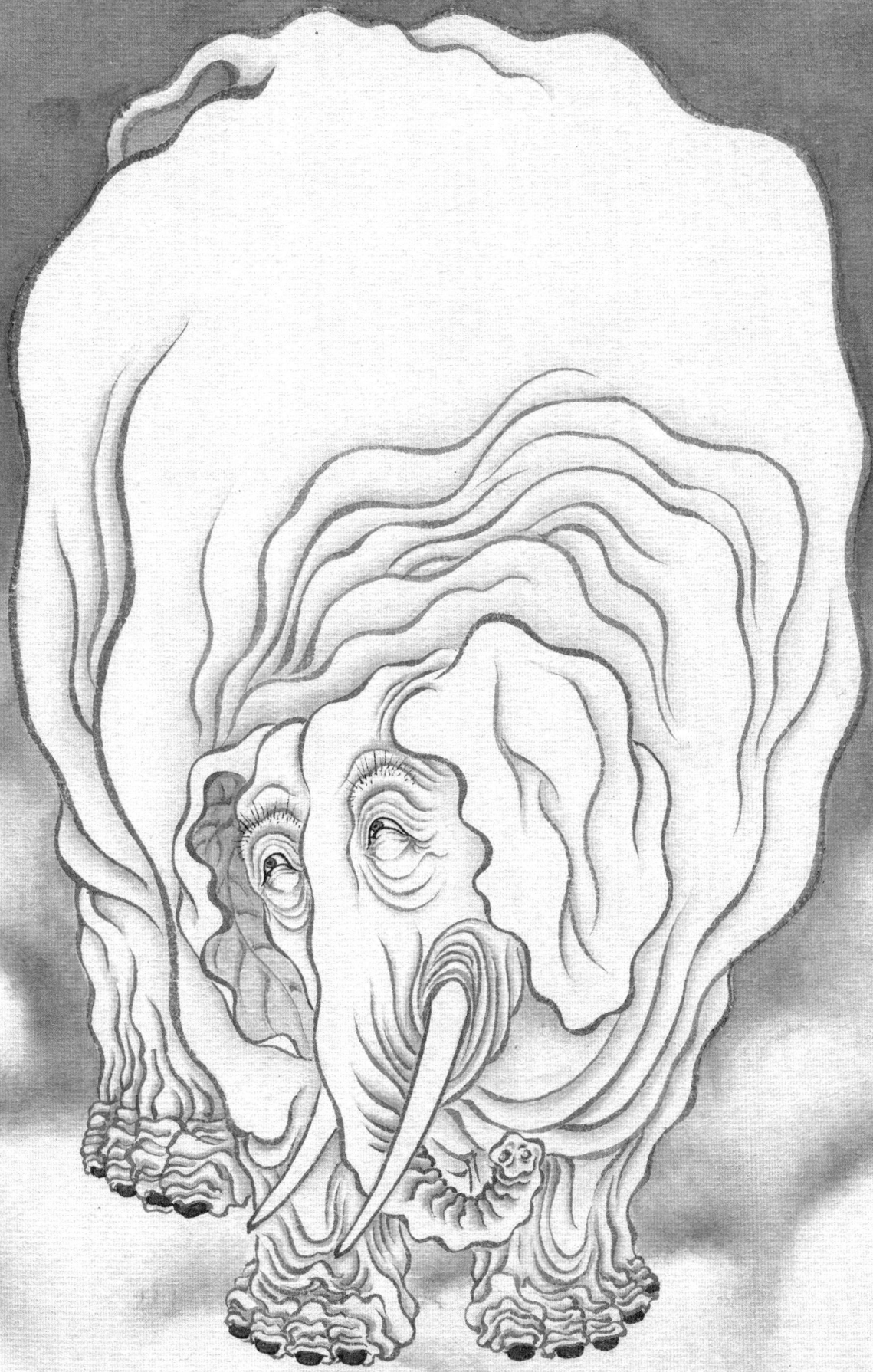

凤皇

Feng Huang

经文：

又东五百里，曰丹穴之山，其上多金玉。丹水出焉，而南流注于渤海。有鸟焉，其状如鸡，五采而文，名曰凤皇。首文曰德，翼文曰义，背文曰礼，膺文曰仁，腹文曰信。是鸟也，饮食自然，自歌自舞，见则天下安宁。

解说：

凤皇即凤凰，雄为凤，雌为凰。《礼记》中与龙、龟、麟合称四灵，是仁瑞的象征。凤凰是百鸟之王者，外形像鸡，却身披五彩纹饰，雍容华贵。头纹为德、翼纹为义、背纹为礼、胸纹为仁、腹纹为信。平日自由歌舞，若能有幸得见，则天下安宁。《尚书考灵曜》曰："通天文者明，审地理者昌，明者天之时也。昌者地之财也。明王之治，凤凰下之。"《春秋感精符》曰："王者上感皇天，则鸾凤至。"百姓期待凤凰齐飞降临，必是丰收祥和，国泰民安。在民间"凤凰于飞"寓意着婚姻美满和睦，恩爱永存。一曲《凤求凰》更道出了千古流传的爱情经典。凤凰早已演变成中国人心中重要的文化符号之一。

第二卷

西 山 经

∵∵∵∵

鸫渠

Tong Qu

西四十五里，曰松果之山，濩水出焉，北流注于渭，其中多铜。有鸟焉，其名曰鸫渠，其状如山鸡，黑身赤足，可以已㿄。

鸫（音同）渠又称庸渠、水渠，生活在松果山中。其形状像山鸡，身披黑灰色羽毛，红色鸡爪，可以作为药材治疗皮肤皲裂。郭璞《山海经图赞》说"鸫渠已殃"，有躲避灾难的神奇能力，可见是吉瑞之鸟。

赤鷩

Chi Bi

（小华之山）鸟多赤鷩，可以御火。

小华山上的赤鷩（音碧）是一种可以预防火灾的奇鸟。郭璞注释说：它外形像锦鸡，身形娇小，羽毛色彩艳丽，头绿色，冠背金黄，胸腹赤红，尾中也有红色花纹。如此惊艳的形象在《博物志》中演绎出了十分有趣的故事：赤鷩非常迷恋自己炫彩的羽毛，于是它天天都来到水边照镜子。但结局竟然是被自己的美丽外貌眩晕，掉到水里淹死了。本图意在表现出这个寓言式的场景。从"自恋"到"自杀"，是他人眼中的讽刺、荒谬，抑或是无常。

葱聋

Cong Long

经文：

又西八十里，曰符禺之山，其阳多铜，其阴多铁。其上有木焉，名曰文茎，其实如枣，可以已聋。其草多条，其状如葵，而赤华黄实，如婴儿舌，食之使人不惑。符禺之水出焉，而北流注于渭。其兽多葱聋，其状如羊而赤鬣。

解说：

葱聋是符禺山中的野羊。外形像普通的羊，黑色脑袋，长有红色的鬣毛。符禺山上还长着一种奇特的树，名为文茎。其果实像枣子，吃了可以治疗耳聋。山中长满了条草，外形和葵很像，但开的是红色的花朵，结的是黄色的果实，果实的外形像婴儿的舌头，吃了此果可使人不受迷惑。葱聋这个名字或许与山中植物有关。

经文：

西南三百八十里，曰皋涂之山，蔷水出焉，西流注于诸资之水；涂水出焉，南流注于集获之水。其阳多丹粟，其阴多银、黄金，其上多桂木。有白石焉，其名曰礜，可以毒鼠。有草焉，其状如藁茇，其叶如葵而赤背，名曰无条，可以毒鼠。有兽焉，其状如鹿而白尾，马脚人手而四角，名曰6如。有鸟焉，其状如鸱而人足，名曰数斯，食之已瘿。

解说：

皋涂山是蔷水的发源地，蔷水西流注入资水；涂水也发源于此，向南流注入获水。皋涂山向阳的南坡有许多丹粟，背阴的北坡蕴藏着丰富的白银、黄金和漫山遍野的桂树。山上有一种叫礜（音玉）的白色石头，可以用来毒死老鼠。山上还有一种草，其形状像藁茇（音稿拔）这种香草，叶子像葵菜叶，背面红色，名叫无条，也能毒死老鼠。皋涂山中生活着一种怪兽，它外形像鹿，而尾巴是白色的，前两腿像人手，后两腿像马蹄，头生四角，名叫6（音绝）如。还有一种鸟，外形像鸱鹰，有一双人腿，名叫数斯，吃了它的肉可以治疗颈瘤病。

犛

Min

鹦鹉

Ying Wu

经文：

又西百八十里，曰黄山，无草木，多竹箭。盼水出焉，西流注于赤水，其中多玉。有兽焉，其状如牛，而苍黑大目，其名曰犛。有鸟焉，其状如鸮，青羽赤喙，人舌能言，名曰鹦䳇。

解说：

皋涂山再往西一百八十里，是黄山。山上翠竹丛生，再无其他草木。盼水源于此山，向西流入赤水，水中蕴藏有大量玉石。黄山之兽名犛（音敏），外形像普通的牛，大大的眼睛，苍黑的皮毛。山中还有一种身披青色羽毛，红色嘴巴，能学人说话的鸟，名叫鹦䳇，即鹦鹉。鹦鹉舌如小儿，故可发出人声，又有学习语言的能力，自古被视为灵禽。

麢

Ling

经文：

翠山，其阴多麢。

解说：

麢同羚，即羚羊。郭璞《山海经图赞》注释说是一种大羊，其角圆锐有皱纹，喜欢在山崖间活动。《尔雅·释兽》和《本草纲目》中都有记载说，麢不同于一般的羚羊群居生活，它喜欢独自栖息。夜幕降临时，它把角悬挂在树枝上，以躲避天敌，可谓灵兽也。"羚羊挂角"在文学上多比喻诗意境超脱。本图中麢的造型略参清代吴任臣画本。

朱厌

Zhu Yan

又西四百里，曰小次之山，其上多白玉，其下多赤铜。有兽焉，其状如猿，而白首赤足，名曰朱厌，见则大兵。

解说：

小次山上蕴藏着大量白玉，山下有赤铜。山里住着一种猿猴，白色的脑袋，红色的脚，名叫朱厌。它是上古时代有名的灾兽，只要出现就会发生战争，天下大乱。郭璞《山海经图赞》有云："鬼猱朱厌，见则有兵。类异感同，理不虚行。惟之自然，厥数难明。"

举父
Ju Fu

经文：

（崇吾山）有木焉，员叶而白柎，赤华而黑理，其实如枳，食之宜子孙。有兽焉，其状如禺而文臂，豹尾而善投，名曰举父。

解说：

崇吾山上有一种树，叶子是圆形，花萼是白色的，红色的花，黑色的纹理。结的果实像枳，吃了可以多子多孙。山中还有一种野兽，外形像猿猴，多胡须，手臂上有斑纹，有豹一样的尾巴。擅长投掷，名叫举父。

比翼鸟

Biyiniao

经文：

（崇吾山）有鸟焉，其状如凫，而一翼一目，相得乃飞，名曰蛮蛮，见则天下大水。

解说：

崇吾山上的蛮蛮鸟，外形像凫，却只长了一只翅膀和一只眼睛，比翼才可飞翔，它的出现会招致大水。蛮蛮是比翼鸟的原始形态，由于它不比不飞的特点，给后人充分的想象空间，被视作成双成对的祥瑞佳禽。郭璞《山海经图赞》说："比翼之鸟，似凫青赤。虽云一形，气同体隔。延颈离鸟，翻飞合翮。"《瑞应图》中记载，王者德及高远，则比翼鸟至。《博物志余》中说，飞止饮啄，不相分离，死而复生，必在一处。"比翼齐飞"更广泛地比喻成美满的夫妻关系，是忠贞爱情的象征。本图意在表现白居易《长恨歌》中著名的诗句："在天愿作比翼鸟，在地愿为连理枝。"

文鳐鱼

Wen Yao Yu

经文：

又西百八十里，曰泰器之山，观水出焉，西流注于流沙。是多文鳐鱼，状如鲤鱼，鱼身而鸟翼，苍文而白首赤喙，常行西海，游于东海，以夜飞。其音如鸾鸡，其味酸甘，食之已狂，见则天下大穰。

解说：

文鳐鱼，外形像鲤鱼，却长着鸟的翅膀，白脑袋，红嘴巴，身上有苍黑色斑纹，鸣叫声如同鸾鸟一般。深夜来临时，常翱翔于西海东海之间。经文中描述其肉味酸中带甜，吃了可以治疗癫狂病，它的出现预兆着天下五谷丰登。因此，在古代农业文明的背景下，文鳐鱼得到了民间百姓的广泛青睐。

英招

Ying Shao

经文：

（槐江之山）实惟帝之平圃，神英招司之，其状马身而人面，虎文而鸟翼，徇于四海，其音如榴。

解说：

槐江山是天帝的天然牧场，距离昆仑山天帝帝都四百里，又称平圃、玄圃。英招（音韶）是这里的管理之神。人面马身，有一对鸟翼，满身虎纹，展翅翱翔巡视四海，传达天帝旨意。英招有疾驰的马身，彰显雄威的虎纹，又有可飞行的羽翼，可见其神力超群，是天帝的帐下猛将。传说他身经百战，屡立战功，于是天帝赏赐了一件黄金铠甲给他。民间神话传说中，英招还参与了大禹诛杀九头恶兽相柳的战争。本图增绘半身战甲，意在表现其兽格、人格、神格集于一身的形象特点。

陆吾
Lu Wu

经文：

西南四百里，曰昆仑之丘，实惟帝之下都，神陆吾司之。其神状虎身而九尾，人面而虎爪；是神也，司天之九部及帝之囿时。

解说：

昆仑仙境是天帝在人间的都城，陆吾是这里的守护神，并兼管天界九处疆域，还要料理天帝苑囿的时节，可谓是位高权重，故又称天帝之神。陆吾又名肩吾、坚吾等，与《海内西经》中的昆仑开明兽是同一神，但形象不同。《西次三经》中描述为：人面，虎身虎爪，九条尾巴，强调其人格、神格。开明兽则是虎身，人面九头，守卫开明门，更突出兽格。汉代画像石上多有九首开明兽的纹饰。

長乘

Chang Cheng

经文：

西水行四百里，流沙二百里，至于嬴母之山，神长乘司之，是天之九德也。其神状如人而犬尾。

解说：

长乘是嬴母山的山神，人形而豹尾。郭璞《山海经图赞》说："九德之气，是生长乘。人状豹尾，其神则凝。妙物自潜，世无得称。"可谓评价甚高，足见其神格地位。长乘是天上九德之气幻化而成，九德被认为是上古大贤具备的九种品格。历代古籍中说法不一，以《左传·昭公二十八年》中的记载为例："心能制义曰度，德正应和曰莫，照临四方曰明，勤施无私曰类，教诲不倦曰长，赏庆刑威曰君，慈和遍服曰顺，择善而从之曰比，经纬天地曰文。"相传大禹治水路过洮水时，长乘代表天帝授予他一件黑玉简书，大禹持此书丈量了天地，平定了水患。本图长乘以德高老者形象示人。

狡

Jiao

经文：

（玉山）有兽焉，其状如犬而豹文，其角如牛，其名曰狡，其音如吠犬，见则其国大穰。

解说：

狡的外形像狗，头长牛角，身披豹纹，声如犬吠。据《西次三经》记载，它与西王母都生活在玉山，与神灵相伴，而生瑞象，狡的出现预兆了农业大丰收。因此，狡为上古吉兽。

狰

Zheng

经文：

又西二百八十里，曰章莪之山，无草木，多瑶碧。所为甚怪。有兽焉，其状如赤豹，五尾一角，其音如击石，其名曰狰。

解说：

章莪山上无草木，蕴藏大量玉石。此山居住着许多奇异怪兽。有一种兽叫狰。它的外形像赤豹，却有五条尾巴，头有一角。狰叫起来像敲击石头的声音，是上古奇兽。

毕方

Bi Fang

经文：

（章莪之山）有鸟焉，其状如鹤，一足，赤文青质而白喙，名曰毕方，其鸣自叫也，见则其邑有讹火。

解说：

章莪山还生活着一种怪鸟叫毕方。它的外形像鹤，白喙，身披青黑色羽毛并带有红色花纹。毕方只有一只脚，不吃五谷，叫声如同呼唤自己的名字。《山海经》中的毕方是灾鸟，它出现的地方会莫名其妙地发生火灾。传说它经常衔火去人家作怪，柳宗元曾写《逐毕方文》欲除此兆火鸟。传说"昔者黄帝合鬼神于泰山之上，驾象车而六蛟龙，毕方并辖。"（《韩非子·十过》）毕方作为护卫神兽随黄帝同行。《事物绀珠》中说："毕方，见者主寿。"或许与其鹤形有关。仙鹤为阳鸟，因金气，依火精以自养，可吐纳守气，天寿不可量。这与《白泽图》中"火之精名毕方"相对应。

天狗

Tiangou

经文：

又西三百里，曰阴山，浊浴之水出焉，而南流注于蕃泽，其中多文贝。有兽焉，其状如狸而白首，名曰天狗，其音如榴榴，可以御凶。

解说：

天狗的外形像白脑袋的野猫，声音也像猫叫。虽无奇异状貌，却是攘除凶煞邪祟的吉兽。《太平御览》有记载："周平王时，白鹿出此原。原有狗枷堡。秦襄公时，有天狗来其下。凡有贼，天狗吠而护之，一堡无患。"本图略参明代胡文焕图本中天狗嘴中叼蛇的形象。

帝江

Di Jiang

经文：

又西三百五十里，曰天山，多金玉，有青、雄黄。英水出焉，而西南流注于汤谷。有神焉，其状如黄囊，赤如丹火，六足四翼，浑敦无面目，是识歌舞，实惟帝江也。

解说：

帝江是上古神话的浑沌之神。形状如黄色口袋，还焕发赤红光彩。长着六条腿，四只翅膀，浑沌而无面目，喜爱随音乐起舞，是上古先民的歌舞之神。《庄子·应帝王》中有"南海之帝为儵，北海之帝为忽，中央之帝为浑沌"的记载。又写道"儵与忽时相与遇于浑沌之地，浑沌待之甚善。儵与忽谋报浑沌之德，曰：人皆有七窍，以视听食息，此独无有，尝试凿之。日凿一窍，七日而浑沌死"。这则有趣的寓言神话蕴含着创世纪的终极追问。浑沌始于虚象，分化生发，又被描绘成如此原始的具体形象，是上古先民思维方式的体现。

白鹿
Bai Lu

经文：

（上申之山）兽多白鹿。

解说：

白鹿作为寻常山兽在《山海经》中多次出现。后人因其生性纯灵，能随阴阳变化而消长，白质灰斑，寿能千岁，而奉为灵瑞。白鹿谐音"百禄"，其身姿优雅，喜静好文，能被除不祥、永绥百禄，故又称为"天禄"，是象征吉祥平安的瑞兽。《瑞应图》云："天鹿者，纯善之兽。道备则白鹿见；王者明惠及下，则见。"《庚子山集》有"艳锦安天鹿，新绫织凤凰"的句子。白鹿性格温和、仁慈，在神话中常伴神仙、高士左右。

駮

Bo

经文：

（中曲之山）有兽焉，其状如马而白身黑尾，一角，虎牙爪，音如鼓，其名曰駮，是食虎豹，可以御兵。

解说：

駮（音博），又名兹白，是可以抵御凶杀兵祸的上古吉兽。它的外形像长着黑尾的白马，却有虎牙和虎爪，头生一角。声音如击鼓雷鸣，威猛无比，以能食虎豹而闻名。古籍中多处记载了駮的英武事迹，李白有诗赞曰："六駮食猛武，耻从驽马群。一朝长鸣去，矫若龙行云。"

西南三百六十里，曰崦嵫之山，其上多
丹木，其叶如榖，其实大如瓜，赤符而
黑理，食之已瘅，可以御火。其阳多龟，
其阴多玉。苕水出焉，而西流注于海，
其中多砥砺。有兽焉，其状马身而鸟翼，
人面蛇尾，是好举人，名曰孰湖。有鸟焉，
其状如鸮而人面，雉身犬尾，其名自号
也，见则其邑大旱。

解说：

崦嵫山是日落之地，《离骚》有"望崦嵫
而勿迫"的句子。山上有一种丹树，叶子
像构树叶，红色的花萼，有黑色纹理，结
出的果实果大小如瓜，人吃了可以治疗湿
热之症，还能防御火灾，由此推测可能是
清凉之物。崦嵫山南有很多乌龟，山北蕴
藏大量玉石。龟在传统文化中地位很高，
与龙、凤、麟合称四灵。龟守静而寿长，
传说其身蕴藏了天地与四方，寓意着长寿
和智慧。崦嵫山还生活着一种野兽，有马
的身体，鸟的翅膀，面孔像人，蛇的尾巴，
喜欢抱举人，名叫孰湖。从经文的描述来
看，孰湖的形象和槐江山的英招非常相
似。为了加以区分，英招更凸显其神灵特
点，孰湖更偏重野兽的形象。山中还有一
种灾鸟，外形像猫头鹰，面孔像人，躯干
像猴，狗的尾巴，叫声如同呼唤自己的名
字，它出现的地方会发生大旱灾。郭璞《山
海经图赞》注文说，其名自号，而经无其
名，疑文有阙脱。经文没有明确它的名字，
"人面鸮"取自马昌仪《古本山海经图说》
中的名称。

孰湖
Shu Hu
▲

人面鸮
Ren Mianxiao
▲

鱼
Gui
▲

第 三 卷

北 山 经

水马

Shui Ma

经文：

（求如之山）其中多水马，其状如马，而文臂牛尾，其音如呼。

解说：

水马似马，腿上有斑纹，牛尾，嘶鸣如人在呼叫。古籍中经常见到有水中神马、奇马，皆为水马。郭璞《山海经图赞》说："马实龙精，爱出水类，渥洼之骏，是灵是瑞。"水马又被称为龙精，是上古灵瑞之兽。

臛疏
Huan Shu

又北三百里，曰带山，其上多玉，其下多青碧。有兽焉，其状如马，一角有错，其名曰臛疏，可以辟火。

解说：

臛（音欢）疏是独角神马，其角带甲错，可以穿石，威力无比，有防御火灾的能力。独角马的形象在《山海经》中多次出现，西方神话中的独角兽，也是以马的形象最为认可，足见人类对马的喜爱。本图略参唐代韩干笔下的骏马。

孟槐
Meng Huai

何罗鱼
He Luoyu

经文：

又北四百里，曰谯明之山，谯水出焉，西流注于河。其中多何罗之鱼，一首而十身，其音如吠犬，食之已痈。有兽焉，其状如狟而赤豪，其音如榴榴，名曰孟槐，可以御凶。是山也，无草木，多青、雄黄。

解说：

带山往北四百里，是谯明山，谯明水发源于此，再向西流入黄河。水中有一种怪鱼，长着一个脑袋却有十个身子，声音像犬吠，名叫何罗鱼。人吃了它的肉可以治疗痈肿病。明代胡文焕图本注释说，何罗鱼可以抵御火灾的发生。谯明山上无草木，遍地石青、雄黄。山中还生活着一种奇兽，名叫孟槐。它的外形像豪猪，毫毛却是红色的，叫起来像猫叫。郭璞《山海经图赞》说："辟凶邪气也，亦在畏兽画中也。"古人多有张挂山海经畏兽图来辟邪的习俗，可见孟槐是抵御凶煞的奇兽。

孟极

Meng Ji

经文：

又北二百八十里，曰石者之山，
其上无草木，多瑶碧。泚水出焉，
西流注于河。有兽焉，其状如豹，
而文题白身，名曰孟极，是善伏，
其鸣自呼。

解说：

孟极生活在石者山，此山无草木，
却蕴藏了大量的瑶碧美玉。孟极
外形像豹，善于隐藏潜伏，叫声
如同呼唤自己的名字。从经文描
述和历代图本来看，孟极可能就
是雪豹。

幽頞

You e

经文：

又北百一十里，曰边春之山，多葱、葵、韭、桃、李。杠水出焉，而西流注于泑泽。有兽焉，其状如禺而文身，善笑，见人则卧，名曰幽頞，其鸣自呼。

解说：

边春山上有很多野葱、葵菜、韭菜、桃树、李树。杠水从此发源，向西流入泑泽。山中生活着一种野兽，名叫幽頞（音饿）。它的外形像猕猴，身上都是花纹，叫声如同呼唤自己的名字。它非常爱笑，见人就卧倒装睡，郭璞描述它"好用小慧，终是婴累"，如此机灵调皮，真像个孩子。

山狒
Shan Hui

鱢鱼
Zao Yu

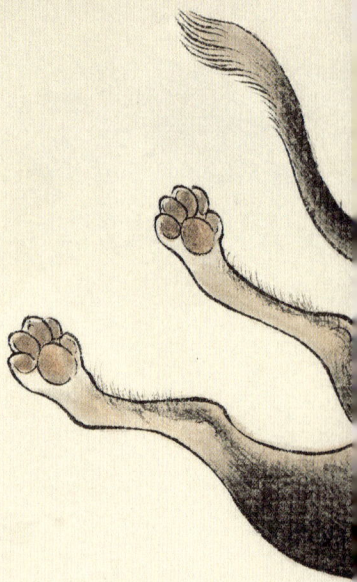

经文：

又北二百里，曰狱法之山，瀤泽之水出焉，而东北流注于泰泽。其中多鱢鱼，其状如鲤而鸡足，食之已疣。有兽焉，其状如犬而人面，善投，见人则笑，其名曰山狒，其行如风，见则天下大风。

解说：

瀤泽水发源于狱法山，向东北流入泰泽。水中有一种怪鱼，名叫鱢鱼。它的外形像鲤鱼，却长着一对鸡腿，吃了它的肉可以治疗疣病。狱法山上生活着一种奇兽，名叫山狒。它的身体像狗，却长着人的面孔。山狒擅长投掷，见人就嬉笑。奔跑时快如疾风，它出现的地方会狂风大作。所以山狒又被称作风兽。

驒馬

Bo Ma

经文：

又北三百五十里，曰敦头之山，其上
多金玉，无草木。旄水出焉，而东流
注于邛泽。其中多驒马，牛尾而白身，
一角，其音如呼。

解说：

驒（音博）马是一种独角神兽，外形
像白色骏马，却长着牛尾，嘶鸣声如
同有人呼唤。驒与駮同音，而且都是
马形、白色、独角的神兽，很容易混淆。
在其他古籍中，二者都有不同的名称，
更容易区分：驒马又称驘（音袭），
駮又名兹白。

北山神

Bei Shanshen

经文：

凡北次二山之首，自管涔之山至于敦题之山，凡十七山，五千六百九十里。其神皆蛇身人面。其祠：毛用一雄鸡彘瘗；用一璧一珪，投而不糈。

解说：

北方第二列山系，从管涔山起到敦题山止，一共十七座山，长五千六百九十里。诸山山神都是人的面孔，蛇的身体。清代汪绂图本中将此种蛇身人面神叫做北山神。祭祀山神有着规定礼仪：选一只公鸡、一头野猪埋入地下，把一块玉璧和一块玉珪一起扔到山里，祭祀不能用精米。在古代神话中，人面蛇身的神有很多，如烛阴、伏羲、女娲、共工等，这些大神大多可幻化多形，对上古文明的形成有重要的作用。本图北山神以女性面孔示人，是与其他诸神加以区分。

天马

Tian Ma

经文:

（马成山）有兽焉，其状如白犬而黑头，见人则飞，其名曰天马，其鸣自訆。

解说:

天马外形像白狗，黑色的脑袋，一看见有人便腾空飞翔，叫声如同呼唤自己的名字。经文并没有描述天狗有翅膀，可几乎所有的《山海经》图本中都描绘有一对肉翅，郭璞也说它"自然凌鬓""有理悬运，天机潜御"，看来这更符合人们的想象。明代胡文焕图本注释说："见则丰穰"说明天马有丰年之兆，是吉兽。古籍中有多处记载会飞的神马也称作天马，与此形象不同。

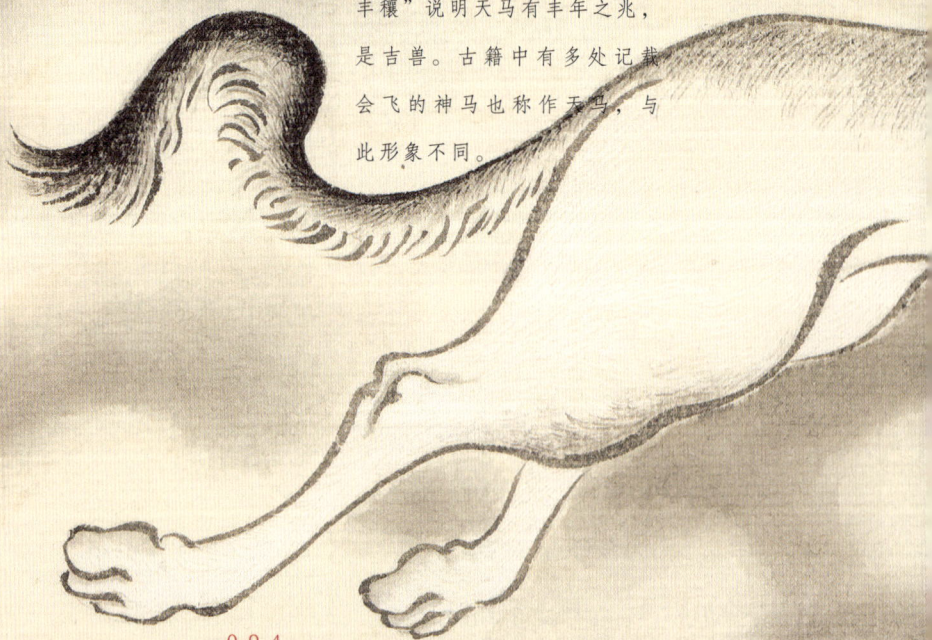

鸲鹃

Qu Ju

经文：

（马成山）有鸟焉，其状如乌，首白而身青、足黄，是名曰鸲鹃。其鸣自詨，食之不饥，可以已寓。

解说：

马成山上有一种鸟，外形像乌鸦，头白，身体青黑，足爪金黄，名叫鸲鹃（音屈居）。它的叫声如同呼唤自己的名字。人吃了它的肉就不会感觉饥饿，还能治疗健忘病。鸲鹃是辟谷奇鸟，在古籍中多处出现，又称鸲鸠、鹊鸠、鹈鹃。

精卫

Jing Wei

又北二百里，曰发鸠之山，其上多柘木。有鸟焉，其状如乌，文首、白喙、赤足，名曰精卫，其鸣自詨。是炎帝之少女名曰女娃，女娃游于东海，溺而不返，故为精卫，常衔西山之木石，以堙于东海。

精卫原本是炎帝的小女儿，名叫女娃，有一次到东海游玩，不幸溺死。她的魂魄留下来变成了一只鸟，名叫精卫。此鸟外形像乌鸦，花脑袋，白嘴喙，红足爪，叫声如同呼唤自己的名字。精卫愤恨大海无情地葬送了自己的生命，终日衔了西山的树枝、石子投入东海，想把东海填平。传说精卫誓死不喝东海水，被赞为志鸟。精卫填海这种明知不可而为之的大无畏精神激励了每个时代的仁人志士，留下许多赞誉的名篇。陶渊明有诗赞曰："精卫衔微木，将以填沧海。刑天舞干戚，猛志固长在。同物既无虑，化去不复悔。徒设在昔心，良辰讵可待。"明代卢昭《精卫词》说："有鸟志埋海，衔石到海返。石转心不移，但砺尔喙短，日复夕海复远。石可竭海可满，精卫之恨何时断。"还有很多流传甚广的诗文，从多角度丰富了这个古老的传说。精卫代表了英勇顽强的民族精神，将被永远传颂。

廿神

Nian Shen

经文：

凡北次三山之首，自太行之山以至于毋逢之山，凡四十六山，万二千三百五十里。其神状皆马身而人面者廿神。其祠之：皆用一藻珪瘗之。

解说：

北方第三山系从太行山到毋逢山，共四十六座山，长一万二千三百五十里。其中有二十座山的山神都是人面马身的形象，根据所管辖的大山数量，被称做廿神。祭祀方法是把聚藻和玉珪埋入地下。

北山十四神

Beishan Shisi Shen

经文：

（北次三经）其十四神状皆彘身而载玉。其祠之：皆玉，不瘗。

解说：

《北次三经》中四十六座大山由三种样貌的山神管辖。其中有十四座山的山神都是猪身，佩戴着玉质饰品。清代汪绂图本称其为北山十四神。祭祀此类山神时用玉器，不必埋入地下。《山海经》中有很多种山神，大多是人兽合体，有些十分类似。上古先民认为山川皆有灵，可通天神，每到一处皆要祭拜，祈求山神保佑风调雨顺，禾苗避免灾病。

第 四 卷

东 山 经

螱鼠
Zi Shu

箴鱼
Zhen Yu

经文：

又南三百里，曰枸状之山，其上多金玉，其下多青碧石。有兽焉，其状如犬，六足，其名曰从从，其鸣自詨。有鸟焉，其状如鸡而鼠毛，其名曰螱鼠，见则其邑大旱。汜水出焉，而北流注于湖水。其中多箴鱼，其状如鯈，其喙如箴，食之无疫疾。

106

从从
Cong Cong

解说：

枸状山上多黄金和美玉，山下蕴藏着青碧石。山上生活着一种吉兽，外形像狗，却长了六条腿，名叫从从，叫声如同呼唤自己的名字。在古代传说中，六足兽有祥瑞之兆。《宋书·符瑞志》中说："六足兽，王者谋及众庶则至。"枸状山中还有一种怪鸟，名叫蚩（音咨）鼠。它的外形像鸡，却长着老鼠的尾巴（袁珂注），它出现的地方会发生大旱灾。泘水从枸状山发源，向北流入湖中。水中生活了许多箴鱼，这种鱼外形像鯈（音条）鱼，嘴巴如一根黑尖针，吃了它的肉可以不感染瘟疫。

107

東山十二神

Dongshan Shier Shen

凡东山之首，自樕䗛之山以至于竹山，凡十二山，三千六百里。其神状皆人身龙首。祠：毛用一犬祈，䖨用鱼。

东方第一列山系，从樕䗛山起到竹山止，共十二座大山，长三千六百里。诸山山神都是龙头人身。祭祀山神有着规定礼仪：用一只带毛的狗作为祭品，祭祀时取鱼血涂在祭品上。清代汪绂图本中将此种龙首人身神叫做东山神，然而《山海经》中有多处山神名为东山神，按照惯用的取名习惯，根据所管辖的大山数量，称做东山十二神。

東山九神

Dong Shan Jiushen

经文：

凡东次三山之首，自尸胡之山至于无皋之山，凡九山，六千九百里。其神状皆人身而羊角。其祠：用一牡羊，糈用黍。是神也，见则风雨水为败。

解说：

东方第三列山系从尸胡山起止于无皋山，共九座大山，长六千九百里。诸山山神的样貌是长着羊角的人形，称作东山九神。祭祀此类山神有着规定礼仪：用一只公羊作为祭品，祀神时用精选的黍米。《山海经》中的山神并不都能祈福纳祥，也有凶煞之兆，例如此山神出现的时候，就会风雨大作，大水泛滥，庄田沥涝。或许百姓祭祀他是源自惧怕，同样符合祈福的心理。

蜚

Fei

经文：

（太山）有兽焉，其状如牛而白首，一
目而蛇尾，其名曰蜚，行水则竭，行草
则死，见则天下大疫。

解说：

蜚是《山海经》中重要的灾兽。它生活
在太山，样子十分奇怪，外形像牛，白
色脑袋，只有一只眼睛长在脸中央，蛇
一样的尾巴。它所到之处河水干涸，草
木枯死，瘟疫肆虐，满目疮痍，一派衰
败景象。郭璞说它"体似无害"，外表
看上去没什么危害，却是灾难之源，可
能是"体含灾气"的原因。

第 五 卷

中 山 经

雍和

Yong He

经文：

又东南三百里，曰丰山，有兽焉，其状如蝯，赤目、赤喙、黄身，名曰雍和，见则国有大恐。

解说：

丰山上有一种灾兽，它的外形像猿猴，全身金黄，红色眼睛，红色鸟嘴，名叫雍和，它出现在哪个国家就预示将有大恐慌，是上古时代的恶兽。只是后来雍和流变成相反的意思，寓意融洽和谐。

三足龟

San Zu Gui

经文：

（大苦山）其阳狂水出焉，西南流注
于伊水。其中多三足龟，食者无大疾，
可以已肿。

解说：

狂水从大苦山的南坡发源，向西南流
入伊水。水中生活着许多三足龟，吃
了它不会患重疾，还可以消肿。郭璞《山
海经图赞》说："造物维均，靡偏靡
颇。少不为短，长不为多。贲能三足，
何异鼋鼍。"三足龟又名贲龟，有吉
祥之兆。

苦山石室神

Ku Shan Shi Shi Shen

经文：

苦山、少室、太室皆冢也，
其祠之：太牢之具，婴以吉
玉。其神状皆人面而三首，
其余属皆豕身人面也。

解说：

苦山、少室、太室三座大山的
山神是人面三首的形象。三山
属于冢，冢是山顶祭神的地
方，传说是山神的居所，上古
先民所向往的灵魂归地。因此
祭祀规格要高于一般山神，所
谓"太牢之具"就是牛、羊、
猪三牲皆备的祭品，祭祀所用
玉器要选用吉玉。清代汪绂图
本中称此山神为苦山石室神。

计蒙
Ji Meng

经文：

又东百三十里，曰光山，其上多碧，其下多水。神计蒙处之，其状人身而龙首，恒游于漳渊，出入必有飘风暴雨。

解说：

计蒙是风雨之神，又称雨师。居住在光山，龙首人身，经常在漳渊里游玩，出入时必伴随着狂风暴雨。郭璞《山海经图赞》说："计蒙龙首，独禀异表。升降风雨，茫茫渺渺。"

窃脂

Qie Zhi

（崦山）有鸟焉，状如鸮而赤身
白首，其名曰窃脂，可以御火。

解说:

崦山上生活着一种奇鸟，其外形
像猫头鹰，身体却是红色的，头
是白的，名叫窃脂，可以抵御火灾。

124

中山神

Zhong Shanshen

凡岷山之首，自女几山至于贾超之山，凡十六山，三千五百里。其神状皆马身而龙首。其祠：毛用一雄鸡瘗，糈用稌。

岷山系的开头，从女几山到贾超山，共十六山，长三千五百里。诸山山神都长着马的身体和龙的头。祭祀此类山神有着规定礼仪：用一只公鸡作为祭品，埋于地下，祀神时用精选的稻米。清代汪绂图本中将此种马身龙首神叫做中山神。

于儿

Yu Er

经文：

（夫夫山）神于儿居之，其状人身而身操两蛇，常游于江渊，出入有光。

解说：

夫夫山居住着一位江河之神，名叫于儿。其身体双手缠绕着两条蛇，这是他施展巫术、沟通天地的手段。于儿神常在大江的深渊中游玩，出入时身上散发着耀眼的光芒。郭璞赞他："乍潜乍出，神光惚恍。"

第 六 卷

海　　经

羽民国
Yu Min Guo

经文：

羽民国在其东南，其为人长头，身生羽。一曰在比翼鸟东南，其为人长颊。

解说：

羽民国的人脑袋和脸颊都比较长，白色头发，红色眼睛，长着鸟喙，有一对翅膀。郭璞《山海经图赞》说："鸟喙长颊，羽（一作厥）生则卵。矫翼而翔，能飞不远。人维俣属，何状之反。"他们都是卵生，在古代神话中多有出现。本图略参汉画像石上羽人形象。

133

厌火国

Yan Huo Guo

经文：

厌火国在其国南，兽身黑色，火出其口中。

解说：

厌火国的人外形像猿猴，黑色皮肤，嘴巴可以吐出火焰。《本草集解》中有记载，此国人能吃火炭。郭璞《山海经图赞》注说厌火国又称厌光国。又有赞说："有人兽体，厥状怪谲。吐纳炎精，火随气烈。推之无奇，理有不热。"明代胡文焕图本注释说："状似猕猴，如人行坐。"

刑天

Xing Tian

经文：

刑天与帝争神，帝断其首，葬之常羊之山。乃以乳为目，以脐为口，操干戚以舞。

解说：

黄帝与炎帝争夺神位是古代神话重要的部分。刑天原本是炎帝的部下，在一次惨烈的厮杀中，黄帝砍下了他的头颅，并且埋葬在常羊山。然而顽强的刑天并没有死去，他的乳头化成了眼睛，肚脐化成了嘴巴，一手执盾，一手挥舞着大斧继续作战，欲与敌人抗争到底。陶渊明有诗赞曰："刑天舞干戚，猛志固常在。"刑天这种不屈不挠、永不言败的精神激励着各个时代不懈奋斗的人们，成为世代传颂的民族精神。

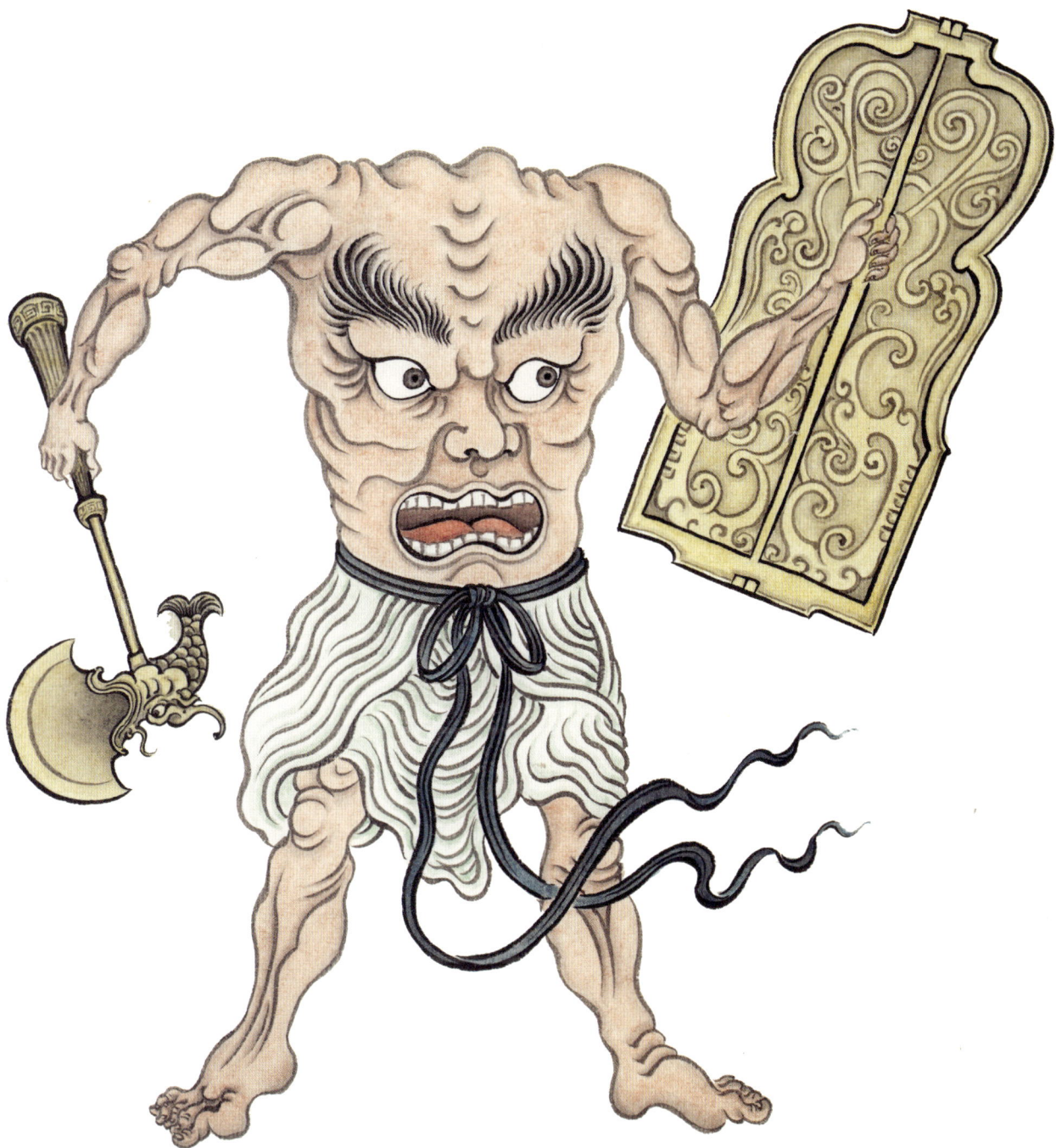

137

并封

Bing Feng

经文：

并封在巫咸东，其状如彘，前后皆有首，黑。

解说：

并封是一种双头神兽，其外形像猪，前后各有一头，浑身黑色。郭璞《山海经图赞》说："龙过无头，并封连载。物状相乖，如骥分背。数得自通，寻之愈阕。"这种两头神兽有牝牡同体之象。出土于荆州的楚国古墓中有一件放酒杯的漆器，其外形与并封相似，可知并封形象已走进古人的日常生活。

乘黄

Cheng Huang

经文：

白民之国，在龙鱼北，白身被发。
有乘黄，其状如狐，其背上有角，
乘之寿二千岁。

解说：

白民国有一种神兽，名叫乘黄。其
形状像狐狸，背上长了两个角，人
若骑上它可以长寿至二千岁。郭璞
《山海经图赞》说："飞黄奇骏，
乘之难老。揣角轻腾，忽若龙矫。
实鉴有德，乃集厥早。"很多古籍
都记载了这种祥瑞之兽，又称飞黄、
神黄、腾黄等。关于其形象的描述
还有马身双翼的神马形象。

烛阴

Zhu Yin

经文：

钟山之神，名曰烛阴，视为昼，瞑为夜，吹为冬，呼为夏，不饮，不食，不息，息为风，身长千里。在无启之东。其为物，人面，蛇身，赤色，居钟山下。

解说：

烛阴又名烛龙，是古代神话中的创世神之一。他居住在钟山下，人面蛇身，全身赤红，身长千里。烛阴睁开眼睛就是白昼，闭上眼睛就是黑夜；一呼一吸便是四季轮换；不喝水，不进食，贯通气息便形成了风。《广博物志》记载："盘古之君，龙首蛇身，嘘为风雨，吹为雷电，开目为昼，闭目为夜。"应该说烛龙是盘古开天辟地的原始形象。郭璞《山海经图赞》说："天缺西北，龙衔火精。气为寒暑，眼作昏明。身长千里，可谓至灵。"《大荒北经》中描述西北海之外烛龙衔火精以照天门，给九阴之地带来光明，因此烛龙又称烛九阴和烛阴。

夸父

Kua Fu

经文：

夸父与日逐走，入日。渴欲
得饮，饮于河渭，河渭不足，
北饮大泽。未至，道渴而死。
弃其杖，化为邓林。

解说：

《大荒北经》记录了夸父逐
日的故事，综合两处经文表
述更为详尽。夸父是传说中
巨人族的一支，是幽冥之神
后土的后裔。此族人双耳贯
穿两条黄蛇，双手抓着两条
黄蛇，身材高大，善于奔跑，
生活在北方大荒中名叫成都
载天的高山之上。有古籍描述
夸父决定要和太阳比试奔跑，
于是，他追逐着太阳的光芒
奋勇前行。一直追到了禹谷，
太阳将要落山，眼看着就要
追上了。可偏偏这时，夸父
口渴难耐，停下脚步，一口
气喝干了黄河和渭河，可还
没解渴，又往北向大泽跑去，
结果没等跑到就渴死在半路
了。最后夸父的手杖在地上
幻化成了一片树林。夸父逐
日的故事体现了不屈不挠的
民族精神，被后人世代传颂。

巴蛇

Ba She

经文：

巴蛇食象，三岁而出其骨，君子服之，无心腹之疾。其为蛇青黄赤黑。一曰黑蛇青首，在犀牛西。

解说：

巴蛇身长十余丈，能把大象吞下，吞后三年才能吐出大象的骨头。品德高尚的人吃了它的肉，可去除心病。巴蛇有蓝色、黄色、红色、黑色，另有古籍描述有青色脑袋，黑色身体的。《楚辞·天问》说："一蛇吞象，厥大何如？"屈原的疑问，后来演化成人们对贪得无厌的讽刺。

吉量

Ji Liang

经文：

（犬戎国）有文马，缟身朱鬣，目若黄金，名曰吉量，乘之寿千岁。

解说：

吉量是一种神马，它全身洁白，红色鬣毛，双眼放射出金色光芒，乘上此马可长寿千岁。郭璞《山海经图赞》说："金精朱鬣，龙行駃騠。拾节鸿骛，尘不及起。是谓吉黄，释圣牖里。"吉量又称吉黄、吉良，乃马中极品，神威英勇，传说周文王时，犬戎曾献上此祥瑞之兽。

穷奇

Qiong Qi

穷奇状如虎，有翼，食人从首始，所食被发。在蜪犬北。一曰从足。

解说：

穷奇的外形像老虎，长有翅膀，吃人的时候从人的头开始吃，被吃的人都披散着头发，也有说是从脚开始吃的。穷奇与浑敦、梼杌、饕餮并称四凶兽。《神异经》的记载更是有意思：穷奇专门吃正直之人，而去讨好恶人。然而，穷奇它在古代大傩仪中，是十二神兽之一，民间多描绘成畏兽图用来驱邪避灾。有翼虎的形象在古代画像砖、漆器、青铜器上普遍出现，本图穷奇形象取意于六朝画像砖。

151

驺吾
Zou Wu
▲

经文：

林氏国有珍兽，大若虎，五采毕具，尾长于身，名曰驺吾，乘之日行千里。

解说：

驺吾又名驺虞，仁德忠义之兽。经文描述为大小和虎差不多，五彩斑斓，

尾巴比身子还长，骑上它可以日行千里。驺吾更被广泛认知的形象是白虎黑纹，如吴陆玑《陆氏诗疏广要》载："驺虞即白虎也。黑文，尾长于躯，不食生物，不履生草。君王有德则见，应德而至者也。"白居易《驺虞画赞》曰："孟山有兽，人心毛质。不践生刍，不食生物。有道则见，非时不出。三季以还，退藏于密。我闻其名，征之于书。不识其形，得之于图。白质黑文，猊首虎躯。是耶非耶，孰知之乎？"除了有仁义的品性以外，驺虞身上还有勇猛的一面。居山林之中，虎啸则风生，威仪之征，百兽臣之。以虎为原型的驺虞是威武勇猛的象征，令人充满勇气，做事无往不利。

夔

Kui

经文：

东海中有流波山，入海七千里。其上有兽，状如牛，苍身而无角，一足，出入水则必风雨，其光如日月，其声如雷，其名曰夔。黄帝得之，以其皮为鼓，橛以雷兽之骨，声闻五百里，以威天下。

解说：

夔（音奎）是雷兽。《大荒东经》记载它生活在东海的流波山，其外形像牛，身体青色，却没有犄角，只有一只脚。夔出入大海时必伴随有风雨，并发出日月般光芒，它的叫声如同惊雷震天。相传黄帝得到了这种神兽，取它的皮做成鼓皮，用它的骨头做成鼓槌，鼓声传递到五百里外，在黄帝与蚩尤夺位的战争中立下汗马功劳。

154

雷神

Lei Shen

雷泽中有雷神，龙身而人头，
鼓其腹。在吴西。

《海内东经》记载的雷神是人的脑袋，龙的身体，鼓起肚子就雷声震天。雷神在古代神话中地位很高，是古老的自然神之一，《山海经》中的雷神的人兽合体是最原始的形貌。后来的雷公形象演化成力士手持推雷椎、击连鼓，还有雷车等法器，再后来又发展出鸟形、猴形等，而尤以鸟形雷神最为普遍。明清诸多《山海经》图本中，除人面龙身以外，皆有鸟喙，本图沿用此形象。

应龙
Ying Long

经文：

大荒东北隅中，有山名曰凶犁土丘。应龙
处南极，杀蚩尤与夸父，不得复上。故下
数旱，旱而为应龙之状，乃得大雨。

解说：

应龙是长有翅膀的龙。龙有很多种类，《广
雅》记载："有鳞曰蛟龙，有翼曰应龙，

有角曰虬龙，无角曰螭龙。"《述异记》
又有一种说法："水虺五百年化为蛟，蛟
千年化为龙，龙五百年为角龙，千年为应
龙。"龙为鳞虫之长，能幽能明、可巨可细，
春则登天，秋则潜渊，可呼风唤雨，应龙
更有神龙之能。在上古神话中，应龙生活
在凶犁土丘山的最南端，是毛犊或羽嘉所
生，应龙又生建马、凤凰、麒麟。它帮助

黄帝杀死蚩尤与夸父，立下赫赫战功。然
而战争过后，应龙无法返回天上留在凡间，
所到之处普降甘霖，而没到之处则常闹旱
灾。百姓遇到旱灾，便以应龙的形象做成
土龙来求雨，必得应验大雨倾盆。关于应
龙的神话传说还有很多，比如其作为沟渎
之神，帮助大禹治水，还为禹王擒获无支
祁。据考，应龙或名为庚辰。

蹑

Nuo

经文：

（甘枣山）有兽焉，其状如鼷鼠而文题，其名曰蹑，食之已瘿。

解说：

甘枣山上有一种鼠状兽，名叫蹑（音耐或挪）。它的外形像鼷（音灰）鼠，额头有斑纹，吃了它的肉可以治疗大脖子病。马昌仪的《古本山海经图说》中说蹑的皮毛是浅紫绀色的。

胐胐

Fei Fei

经文：

（霍山）有兽焉，其状如狸，而白尾有鬣，名曰胐胐，养之可以已忧。

解说：

霍山上有一种野兽，它的外形像野猫，脖子上有鬣毛，白色的尾巴，名叫胐胐（音匪）胐，若圈养它可以消除忧虑。古书中多处有笼养胐胐以解闷的记载，可见它定是可爱有趣，才成为古人的宠物。

鹖

He

经文：

中次二山济山之首，曰辉诸之山，其上多桑，其兽多闾麋，其鸟多鹖。

解说：

鹖（音和）鸟以勇猛著称，堪称义鸟。经文中没有此鸟的外形描述。《玉篇》记载："鹖鸟似雉而大，青色，有毛角，斗死而止。"其外形像更大一些的青黑色野鸡，善斗，以死相搏。《尔雅翼》记载：鹖似黑雉，尤相党其同类，有被侵者，辄往赴救之，其斗大抵一死乃止。郭璞《山海经图赞》还说："鹖之为鸟，同群相为。畴类被侵，虽死不避。毛饰武士，兼厉以义。"

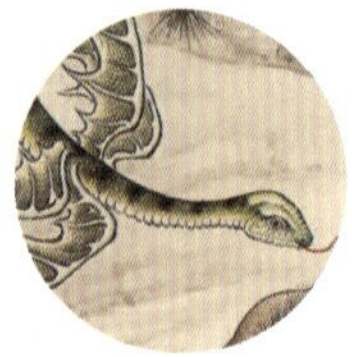

鸣蛇

Ming She

经文：

（鲜山）其中多鸣蛇，其状如蛇而四翼，其音如磬，见则其邑大旱。

解说：

鲜山上有一种怪蛇，它长着两对翅膀，叫声如同敲击磬石，名叫鸣蛇。它出现的地方会发生大旱，因此是灾蛇。

蠪蚳

Long Chi

经文：

又西二百里，曰昆吾之山，其上多赤铜。有兽焉，其状如彘而有角，其音如号，名曰蠪蚳，食之不眯。

解说：

昆吾山上有一种野兽，它的外形像猪，头上长角，叫声如同人在大哭，名叫蠪蚳（音龙迟），吃了它的肉有不做噩梦的奇效。

马腹

Ma Fu

经文：

（蔓渠山）有兽焉，其名曰马腹，其状如人面虎身，其音如婴儿，是食人。

解说：

马腹外形像老虎，人面，叫声如同婴儿在啼哭，会吃人。清代汪绂图本注释说："此即俗所谓马虎也，其面略似人面，其毛长，足高如马，实虎类也。马腹又作马肠。"它是有名的人面虎，关于它吃人的传说多有记载。清代毕沅图本写道："食之畔兵，不畏雷鼓。"即表达了人们对马腹的畏惧，又有征服它所获得的战斗勇气。

婴胡
Wan Hu

经文：

（尸胡山）有兽焉，其状如麋而鱼目，名曰婴胡，其鸣自訆。

解说：

《东次三经》记载的第一座山是尸胡山。山上有一种怪兽，外形像麋鹿，却长着一对鱼眼，名叫婴（音婉）胡，叫声如同呼唤自己的名字。

虎
Hu

经文：

又南水行八百里，曰岐山，其木多桃李，其兽多虎。

解说：

尸胡山再往南走八百里，有座山叫岐山，山中有许多老虎。《山海经》中并不是只记载奇异神秘的动物，还有大部分的寻常之物被人们所忽视。老虎在上古时代大量生活在山林中，如今却日渐减少，有濒临灭绝的危险。虎一直是威武勇猛的象征。

鱣
Zhan

鮪
Wei

经文：

（孟子山）其上有水出焉，名曰碧阳，其中多鱣鮪。

解说：

从孟子山发源的一条河，名叫碧阳，水中有许多鱣（音詹）鱼和鮪（音伟）鱼。郭璞注《尔雅·释鱼》说："鱣，大鱼，似鲟而短鼻，口在颌下，体内有邪行甲，无鳞，肉黄。大者长二、三丈。今江东呼为黄鱼。"鱣鱼有"祥鱣"之典故，后称颂杨姓仕官登公卿高位的吉兆。白居易有："祥鱣降伴趋庭鲤，贺燕飞和出谷莺"的诗句。鮪鱼的外形和鱣鱼很像，只不过它是长鼻，又称鲟或鲔。古人多用大的鮪鱼祭祀，《周礼》中有记载："春献王鲔，辨鱼物为鲜薧以共王膳羞。"

精精
Jing Jing

经文：

（踇隅山）有兽焉，其状如牛而马尾，名曰精精，其鸣自訆。

解说：

踇隅山上有一种野兽，它的外形像牛，却长着马的尾巴，名叫精精，叫声如同呼唤自己的名字。《骈雅》有记载描述精精有双角，身体青苍色还有鹿纹。精精被认为是一种辟邪瑞兽。

蠵龟
Xie Gui

鮯鮯鱼
Ge Geyu

经文：

（跂踵山）有水焉，广员四十里，皆涌，其名曰深泽，其中多蠵龟。有鱼焉，其状如鲤，而六足鸟尾，名曰鮯鮯之鱼，其鸣自訆。

解说：

跂踵山中有一个方圆四十里的大水潭，名叫深泽，水中有许多蠵（音携）龟。蠵龟是一种灵龟，明代胡文焕图本注释说："甲可以卜，缘中似玳瑁，有文彩，一名灵蠵。"说明其为大龟，龟甲的花纹像玳瑁，可以用来占卜。深泽中还有一种怪鱼，名叫鮯（音格）鱼。它的外形像鲤鱼，却长着六只脚和鸟的尾巴，叫声如同呼唤自己的名字。《事物绀珠》和《广雅》等古籍中多有记载，杨慎还说鮯鮯鱼是胎生，鱣鱼是它的母亲。郭璞《山海经图赞》说："鮯鮯所潜，厥深（一作身）无限。"十分有想象力。

夫诸
Fu Zhu

鹖
Yao

鸰鹞
Ling Yao

青耕
Qing Geng

獜
Lin

䮝鸟
Di Niao

经文:

（敖岸山）有兽焉，其状如白鹿而四角，名曰夫诸，见则其邑大水。

解说:

敖岸山上有一种野兽，它的外形像白鹿，却长了四只角，名叫夫诸，它出现的地方会发生大水灾，是一种灾兽。

经文:

（青要山）畛水出焉，而北流注于河。其中有鸟焉，名曰鹖，其状如凫，青身而朱目赤尾，食之宜子。

解说:

畛水发源于青要山，向北流入黄河。水中有一种鸟，名叫鹖（音咬），它的外形像凫鸟，有青蓝色的身体和红色的尾巴，浅红色的眼睛，吃了它的肉可以多子多福、后代兴旺。

经文:

（厜山）其中有鸟焉，状如山鸡而长尾，赤如丹火而青喙，名曰鸰鹞，其鸣自呼，服之不眯。

解说:

厜山中有一种鸟，其外形像山鸡，有长长的尾巴，全身色如火焰，嘴喙青蓝色，名叫鸰鹞（音灵腰），叫声如同呼唤自己的名字，吃了它的肉不会做噩梦。郭璞《山海经图赞》说鸰鹞"所以辟妖"，因此有祥瑞之兆。

经文:

（堇理山）有鸟焉，其状如鹊，青身白喙，白目白尾，名曰青耕，可以御疫，其鸣自訆。

解说:

堇理山中有一种鸟，其外形像喜鹊，身披青蓝色羽翼，嘴喙、眼睛和尾巴是白色的，名叫青耕，叫声如同呼唤自己的名字。古书中多有记载青耕为吉鸟，可以攘除瘟疫。

经文:

（依轱山）有兽焉，其状如犬，虎爪有甲，其名曰獜，善駚坌（音央奋），食者不风。

解说:

依轱山上有一种野兽，名叫獜（音邻）。其外形像狗，却长着虎的爪子，身披鳞甲，擅长奔跑跳跃，人若吃了它的肉可以不患风痹病。

经文:

（首山）其阴有谷，曰机谷，多䮝（音地）鸟，其状如枭而三目，有耳，其音如录，食之已垫。

解说:

首山的北面有一个峡谷，叫机谷，谷中生活着许多䮝鸟。它的外形像猫头鹰，却有三只眼睛，鸣叫声如同枭鸣，人若吃了它的肉可以治疗风湿病。

西王母
Xiwangmu

又西三百五十里，曰玉山，是西王母所居也。西王母其状如人，豹尾虎齿而善啸，蓬发戴胜，是司天之厉及五残。

解说：

西王母作为一位上古大神，在《山海经》中出现过三次。《西次三经》中说西王母住在玉山，样子像人，蓬松着头发，戴着玉胜，长着虎牙和豹尾，而且喜欢像野兽一样啸叫，是司瘟疫刑杀的原始天神。据考证《大荒西经》成书更早，对西王母的外形描述除以上特点外，更突出虎身的特点。昆仑丘上的西王母是人兽合体，玉山上的西王母是带有野兽特征的人形，而到了成书最晚的《海内北经》，"虎齿""豹尾"的描述便没有了。西王母形象逐渐神格化，其他古籍中也出现许多西王母的神话故事，到了汉代，西王母是主管生育和长生的大神，其形象也由老妪演化成了贵妇。本图中的西王母以贵妇形象为基础，同时综合了经文中最原始的野兽特征。

三青鸟
San Qingniao

经文：

（三危山）三青鸟居之。是山也，广员百里。

解说：

三青鸟居住在三危山，白天飞往昆仑群玉之山给西王母取食、打探消息。《大荒西经》说："有西王母之山，有三青鸟，赤首黑目，一名大鵹，一名少鵹，一名曰青鸟。"郭璞《山海经图赞》说："山名三危，青鸟所憩。往来昆仑，王母是隶。穆王西征，旋轸斯地。"本图的三青鸟以鸾凤为原型，以神鸟的姿态伴随西王母左右。

三足乌
San Zuwu

经文：

西王母梯几而戴胜杖，其南有三青鸟，为西王母取食。（郭璞注：又有三足乌主给使）在昆仑虚北。

解说：

三足乌虽不在经文里，但出现在郭璞《山海经图赞》中。三足乌作为西王母的使者，为之取食、差遣。汉代画像砖中常见它与九尾狐、玉兔、金蟾等出现在一起，扮演人神沟通的角色，呈现出祥瑞之兆。三足乌是日中神鸟、赤乌、金乌，居日中。本图中在乌鸦形象的基础上增添鸢尾是参考了汉画像石中的形象，为了衬托出西王母的神威。

句芒

Gou Mang

经文:

东方句芒, 鸟身人面, 乘两龙。

解说:

句 (音勾) 芒是上古四方神中的东方之神。郭璞《山海经图赞》说:"有神人面, 身鸟素服。衔帝之命, 锡龄秦穆。皇天无亲, 行善有福。"他的注文又写"木神也, 方面素服"。综合对他的描述, 句芒的形象是这样的: 人的脑袋, 四方脸, 鸟的身体, 身披白色素衣, 驾驭着两条神龙。句芒又是春神、木神、花神, 祐护着春天万物生长, 马昌仪《古本山海经图说》解释说:"句芒是春天生长之神, 取名句芒, 是因为物始生勾屈而芒角。" 本图设色以青绿为主, 表达欣欣向荣之态。

插页 5

南方祝融，兽身

解说：

祝融是上古四方

蓐收

Ru Shou

西方蓐收，左耳有蛇，乘两龙。

蓐收是上古四方神中的西方之神。郭璞《山海经图赞》说："蓐收金神，白毛虎爪。珥蛇执钺，专司无道。立号西阿，恭行天讨。"综合郭璞、胡文焕、萧云从的描述，蓐收的形象是这样的：人的脸袋，白色头发，左耳有青蛇，虎爪持有兵器钺，驾驭着两条神龙。蓐收是古代神话中的刑神，其神职是恭行天罚、祛除邪小。《西次三经》中记载蓐收所居住的泑山是太阳落下的地方，此神珥红光，因此蓐收也是日入之神，这也符合色西方神的特点。蓐收也是司秋之神，因主管秋收在民间信仰中有重要地位。"悲哉秋之为气也"，秋天的肃杀之气也符合蓐收神的特点

插页6

禺彊

Yu Qiang